¿Eres un INSECTO?

por **THOMAS KINGSLEY TROUPE**

amicus LEARNING

ilustrado por **MARTINA ROTONDO**

Betty era un abejorro. Hace dos días en el zoo, alguien dijo una palabra rara.

"No soporto a los insectos", dijo el elefante Elías, sacudiéndose la cola.

"¿Qué es un insecto?", preguntó Betty.

2

"¡Lárgate!", rugió Elías. "¡Las abejas son las peores!".
Se alejó dando pisotones.

Betty no podía irse así. Ella quería saber.

Betty salió volando en busca de insectos. Le preguntó a Zoe
la cebra.

"¿Un insecto?". Zoe se rió.

"No me insultes. La mayoría de los
insectos vienen de huevos. Yo nací vivo".

"¿Así que todos los insectos ponen huevos?", preguntó Betty.

"Bueno, no todos", dijo Zoe. "Algunos escarabajos y pulgones y las moscas tsetsé no".

Betty tomó algunas notas.

En la exposición submarina, encontró a Johnny la medusa.

"¡Ja!", Johnny se rió.

"Puedo parecer un insecto, pero no lo soy. Sólo tengo una sección principal en mi cuerpo. Quiero decir, ¡mírame!".

"Entonces, ¿los insectos tienen más de una sección del cuerpo principal?", preguntó Betty.

"Claro que sí", dijo Johnny.
"Tienen tres. Una cabeza, un tórax y un abdomen".

Betty escribió eso.

Betty vio a Randy la rata comiendo.

"¿Eres un insecto?", preguntó.
"¿Hablas en serio?", preguntó Randy.
"No soy un insecto, niña. No tengo
ojos compuestos como la mayoría
de los insectos".
"¿Qué son los ojos compuestos?",
preguntó Betty.
"Son ojos con muchas lentes que trabajan
juntas", dijo Randy. "Permiten a los
insectos tener una visión amplia".

Betty añadió los ojos compuestos
a su cuaderno.

Dirigiéndose al bosque,
Betty vio al lagarto Lois.

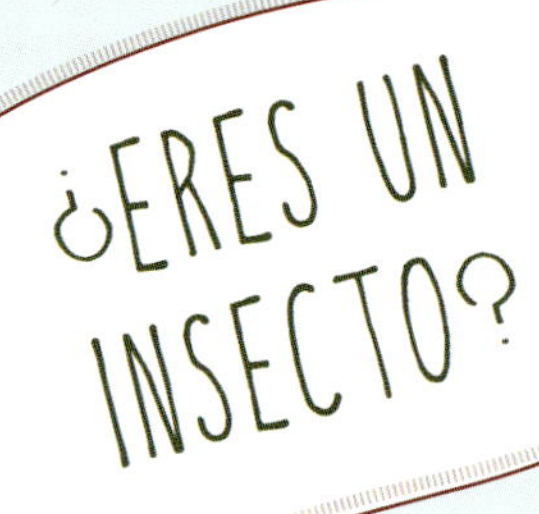

"¿Un insecto?",
Lois respondió.

"Cielos, no. Los insectos no tienen pulmones.
¡Necesito mis pulmones para respirar!".

"¿Cómo respiran los insectos?", preguntó Betty.

"¡A través de aberturas llamadas espiráculos en su abdomen y tórax!".

Betty añadió notas sobre los espiráculos.

Betty casi vuela hacia la tela de
araña de Spike.

"¿Eres un insecto?", preguntó Betty.
"No", dijo Spike. "A menudo me llaman
bicho, como a los insectos, pero tengo
ocho patas".
"¿Los insectos no tienen ocho patas?",
preguntó Betty.
"Eh, no", dijo Spike. "Todos los insectos
tienen seis patas".

Betty añadió seis patas a sus notas.

Vio a Hannah, el colibrí.
¿ERES UN INSECTO?
"¿Un insecto?", contestó Hannah. "No, tonta. La mayoría de los insectos voladores tienen cuatro alas".
"Pero tú tienes alas", dijo Betty.

"Sí", dijo Hannah. "Pero los pájaros sólo tienen dos alas.
Algunos insectos, como las moscas y los mosquitos,
también tienen dos alas".

Betty escribió más
notas en su cuaderno.

Betty encontró a la rana Forrest.

"¿Eres un insecto?", Betty preguntó.
"Oh chico", dijo Forrest. "Eres otra cosa.
No, ¡no soy un insecto! ¿Ves alguna
antena en mi cabeza?".
Betty miró. "No", respondió.
"Eso es porque no las tengo", dijo Forrest.
"Todos los insectos tienen dos antenas
para oler y probar".

Betty tomó notas sobre las antenas.

Betty se estaba cansando. Vio a la libélula Dexter.
"¿Hola?", Betty zumbó.

"¡Claro que sí!", Dexter respondió zumbando. "Tengo un exoesqueleto como todos los insectos adultos".

"¡Por fin!", Betty respondió. "¡He encontrado un insecto! ¿Qué es un exoesqueleto?".

"Es una cubierta exterior dura que protege el cuerpo de los insectos", dijo Dexter. "¡Sígueme!"

Betty siguió a Dexter. En el bosque, vio otros insectos con seis patas. Cada uno tenía cabeza, tórax y abdomen. Tenían exoesqueletos.

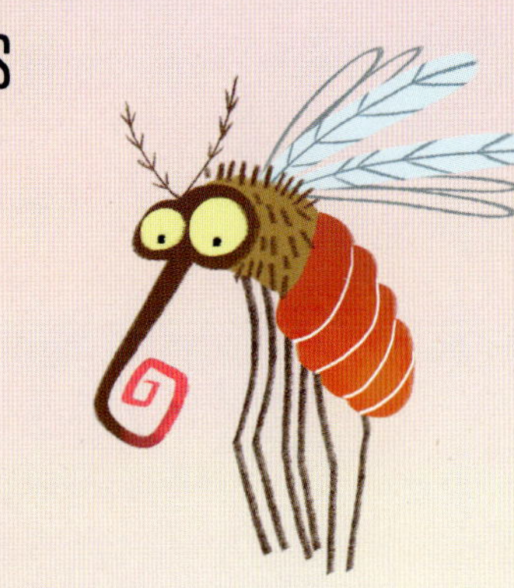

"¿Todos ustedes son insectos?", preguntó Betty.

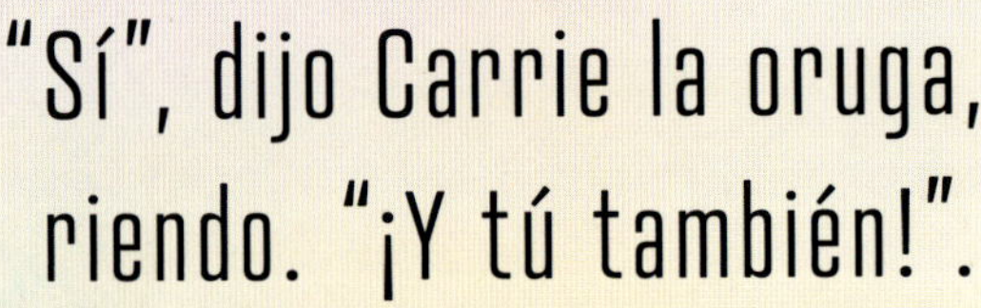

"Sí", dijo Carrie la oruga, riendo. "¡Y tú también!".

Betty miró su reflejo. Tenía dos antenas. Tenía seis patas. También era un insecto.

"Claro que sí", dijo Betty con una sonrisa.

El cuaderno de Betty

INSECTOS . . .

- Usualmente nacen de huevos, excepto algunos escarabajos y pulgones y moscas tsetsé.

- Tienen tres partes principales: cabeza, tórax y abdomen.

- No tienen pulmones. Respiran a través de unos orificios llamados espiráculos.

- Tienen seis patas. Ni más ni menos.

- Usualmente tienen cuatro alas, si vuelan. Algunos, como las moscas y los mosquitos, sólo tienen dos alas.

- Tienen dos antenas que actúan como órganos sensoriales.

- Tienen un exoesqueleto cuando son adultos.

GLOSARIO

abdomen Parte del cuerpo que contiene los órganos digestivos.

antenas Órganos sensoriales situados en la cabeza de los insectos, utilizados para el tacto y el olfato.

cabeza Parte del cuerpo de un animal que contiene el cerebro, la mayoría de los órganos sensoriales y la boca.

espiráculos Pequeños orificios para respirar en la parte lateral del cuerpo de un insecto.

exoesqueleto Cubierta dura que sostiene y protege el cuerpo.

ojos compuestos Ojos formados por muchas lentes.

tórax Sección central del cuerpo de un insecto donde se unen las alas y las patas.

AMICUS ILLUSTRATED es una publicación de
Amicus Learning, un sello de Amicus
P.O. Box 227, Mankato, MN 56002
www.amicuspublishing.us

Library of Congress Cataloging-in-Publication Data
Names: Troupe, Thomas Kingsley, author. | Rotondo, Martina, illustrator.
Title: ¿Eres un insecto? / by Thomas Kingsley Troupe ; illustrated by Martina Rotondo.
Other titles: Are you an insect? Spanish
Description: Mankato, MN : Amicus Illustrated, [2025] | Series: Clasificación de los animales | Audience: Ages 6–9 | Audience: Grades 2–3 | Summary: "When young Betty the bumblebee hears Elijah the elephant complaining about insects, Betty sets out on a mission to find out what exactly an insect is. After interviewing other animals and learning about the characteristics of insects, Betty realizes that she too is an insect! Translated into North American Spanish. Includes fact page and glossary"— Provided by publisher.
Identifiers: LCCN 2024019209 (print) | LCCN 2024019210 (ebook) | ISBN 9798892003827 (library binding) | ISBN 9798892003889 (paperback) | ISBN 9798892003940 (ebook)
Subjects: LCSH: Insects—Juvenile literature. | Insects—Classification—Juvenile literature. | Animals—Classification—Juvenile literature.
Classification: LCC QL467.2 .T7618 2025 (print) | LCC QL467.2 (ebook) | DDC 595.701/2—dc23/eng/20240523

Impreso en China

Editora: Rebecca Glaser
Diseñadora: Kim Pfeffer

ACERCA DEL AUTOR

Thomas Kingsley Troupe es autor de más de 200 libros para jóvenes lectores. Cuando no está escribiendo, le gusta leer, jugar a videojuegos e investigar lugares encantados con la Twin Cities Paranormal Society. Si no, probablemente esté echándose una siesta o algo así. Thomas vive en Woodbury, Minnesota, con sus dos hijos.

ACERCA DE LA ILUSTRADORA

Artista desde siempre, Martina Rotondo cursó el Máster de Ilustración y Arte Conceptual en The Sign Academy de Florencia (Italia). Actualmente trabaja como ilustradora para editoriales italianas y extranjeras. Amante del dibujo tradicional, también investiga y experimenta constantemente con nuevas técnicas para crear sus personajes y fondos surrealistas y atractivos.